Norma Iris Figueroa
2856 Bowes Lane
Woodbridge, VA 22193

TESORO DEVOCIONAL PARA 30 DIAS

CHARLES SPURGEON

La Oración

COMPILADO Y REDACTADO POR

LANCE WUBBELS

La Oración, Charles Spurgeon,
De la Serie "Tesoro Devocional para 30 días"
Editado por Asociación Editorial Buena Semilla
Apdo. 29724, Bogotá, Colombia
©2004 Todos los derechos de esta edición en español
reservados por Asociación Editorial Buena Semilla.

Copyright © 1998 por Lance Wubbels.
Publicado originalmente en inglés por Emerald Books
bajo el título: "30 - Day Devotional Treasuries Series".

Todos los derechos reservados

Traducido por Rogelio Diaz Diaz
Corrección de estilo: Maribel Suarez

Impreso en Colombia
Printed in Colombia

BUENA SEMILLA
Apartado 29724
Bogotá, Colombia

Producto 497835
ISBN 958-8201-32-2

Serie
Tesoro devocional
para 30 días

———✺———

Presentación

Charles Spurgeon ha sido considerado por los colegas de su época y del día de hoy como el "príncipe de los predicadores". El Tabernáculo Metropolitano de Londres, que él construyó, albergó la congregación cristiana independiente más grande del mundo, durante el siglo diecinueve. Algunos atribuyen parte de su éxito a la combinación de una hermosa voz, talento y estilo dramáticos cautivantes, profundo compromiso con una teología bíblica y su capacidad de hablarle a la gente de su época de tal manera que tocaba sus necesidades más profundas. Pero el secreto principal que dio a Spurgeon ese poder, fue su devoción a la oración.

Cuando la gente entraba al Tabernáculo Metropolitano, Spurgeon los llevaba al sótano, que era el lugar de oración, en donde siempre había creyentes de rodillas intercediendo por la iglesia. Entonces afirmaba: "Este es el cuarto de poder de esta iglesia." Esta declaración fue apoyada por la asombrosa cantidad de sermones que predicó sobre el tema de la oración.

Spurgeon fue un gran creyente y maestro de la oración ferviente dirigida por el EspírituSanto. En sus enseñanzas nos pinta con maestria cuadros bíblicos maravillosamente instructivos sobre el tema de la oración.

Pues bien, hace más de un siglo que su voz resonó en el Tabernáculo Metropolitano de Londres. Pero el tiempo no ha disminuído el poderoso efecto de las palabras de Spurgeon. Yo lo invito a leer estas treinta meditaciones y a disfrutar en ellas la enseñanza de un pastor agudo y confiable. Una cuidadosa labor de edición ha hecho más claro el enfoque de estas lecturas que a la vez retienen su sabor auténtico y siempre actual.

DIA 1

¡LLamen a la puerta!

———❦———

"Pidan, y se les dará; busquen,
y encontrarán; llamen, y se les abrirá"
MATEO 7:7

¡Que nuestra oración sea frecuente, persistente y abundante!

Ninguna otra actividad bajo el cielo produce mejores dividendos que la oración persistente. Quien posee poder en la oración tiene a la mano todas las cosas.

Pida en oración cualquier cosa que necesite, sin importar lo que sea. Si esta es buena y correcta. Dios prometió una respuesta afirmativa a quien las busca con sinceridad. Busque lo que perdió por la caída de Adán, y lo que ha perdido por su propio descuido, su extravío, o su falta de oración. Pida hasta que encuentre o reciba la gracia o la bendición personal

que necesita. Luego, llame a la puerta. Si le falta ánimo, si carece de conocimiento, de esperanza, de
Dios...entonces llame a la puerta, y el Señor le abrirá.
Aquí necesita la intervención personal del Señor.
Usted puede pedir, y recibir; buscar, y encontrar; pero
usted no puede tocar a la puerta y abrirla, el Señor
mismo tiene que abrirle, o se quedará afuera para
siempre. Dios está listo para abrir la puerta. No hay
un querubín con fiera espada para guardar esta
entrada. Por el contrario, el mismo Señor Jesús abre,
y nadie puede cerrar.

> *Si le falta*
> *ánimo, si carece*
> *de conocimiento,*
> *de esperanza, de*
> *Dios…*
> *entonces llame a*
> *la puerta, y el*
> *Señor le abrirá.*

¿Teme que su pecado ha
cerrado y trancado la puerta de
la gracia divina? Piensa que sus
sentimientos de desaliento,
desánimo y condenación son los
que la han cerrado con seguro?
Pues bien, eso no es cierto. La
puerta de la provisión y la gracia
de nuestro Dios no tiene el
cerrojo puesto, como usted cree.
Aunque se habla de ella a veces
como si estuviera cerrada, en cierto sentido jamás lo
ha estado. En cualquier, caso ella se abre fácilmente;
sus bisagras no están oxidadas, no hay pasadores ni

cerrojos bloqueándola. El Señor la abre gustoso a cualquier alma que llama. Está cerrada más en la percepción suya que en la realidad. Tenga fe, y con coraje divino entre por ella en este mismo momento.

Y si le clamamos a Dios durante un tiempo, sin éxito aparente, eso nos debe hacer más fervientes. David se describe a sí mismo como hundido en el lodo cenagoso, cada vez más bajo hasta que, desde la profundidad, clamó al Señor y finalmente fue sacado de ese horrible pozo de la desesperación y sus pies fueron puestos sobre peña. Nuestros corazones necesitan ensancharse así. La pala de la agonía está cavando las zanjas en donde se depositará el agua de vida. Si las barcas de la oración no regresan a casa rápidamente es porque vienen muy cargadas de bendiciones. Si su corazón está cargado y agobiado, aún así usted puede cantar con gozo en el espíritu.

¡Jamás se deje dominar por el desánimo!

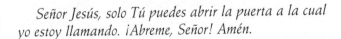

Señor Jesús, solo Tú puedes abrir la puerta a la cual yo estoy llamando. ¡Abreme, Señor! Amén.

DIA 2

No se preocupen

"Por eso les digo: No se preocupen por su vida, qué comerán o qué beberán; ni por su cuerpo, cómo se vestirán. ¿No tiene la vida más valor que la comida, y el cuerpo más que la ropa? Fíjense en las aves del cielo: no siembran ni cosechan ni almacenan en graneros; sin embargo, el Padre celestial las alimenta. ¿No valen ustedes mucho más que ellas?
MATEO 6:25-26

La ansiedad indebida es un mal muy común entre nosotros. Algunos somos nerviosos, tímidos inclinados a la duda y propensos al temor. Existe una infinidad de pesimistas, si bien algunos difícilmente reconocen que lo son. Para ellos el mal siempre amenaza, siempre estamos a punto de dar un salto en el vacío. Todas las aves que ven son aves de mal agüero. Todos sus cisnes son negros. Si llovió hoy, lloverá mañana, y pasado, y con toda probabilidad habrá diluvio. O si el día es soleado y hermoso, será seco también mañana y los meses siguientes hasta que la tierra con todas sus praderas perezcan de sequía. Supongo que no pueden evitar ser así, pero los cristianos sí deben evitar actuar de esa manera, porque la Palabra del Señor es clara y obligante: "No se preocupen por su vida."

La ansiedad agobiante le está prohibida al creyente y además es innecesaria. Si tiene un Padre en los cielos que cuida de usted, ¿no siente vergüenza cuando ve al pajarillo que se posa en la rama a cantar, aunque no sea dueño ni de dos granos de cebada del mundo? Dios cuida de las aves del cielo y por eso viven libres de ansiedad alguna. ¿Por qué no confiamos en Él y nos liberamos de la preocupación?

La prudencia es sabia porque adapta los medios a los fines; pero la ansiedad es tonta porque se lamenta, se preocupa, y no consigue nada.

Nuestro Señor también enseñó que tal ansiedad es inútil, porque con todo nuestro afán y preocupación "no podemos añadir ni una sola hora a nuestra vida" (Mateo 6:27). ¿Podemos hacer algo preocupándonos? ¿Logra alguna cosa nuestra ansiedad?

¿Que tal si el granjero se lamenta por la falta de lluvia? ¿Pueden sus temores destapar los depósitos de agua de los cielos? Es infinitamente sabio hacer lo mejor que podamos en cada situación, y luego echar todas nuestras inquietudes sobre nuestro Dios (1 Pedro 5:7 RVR). La prudencia es sabia porque adapta los medios a los fines; pero la ansiedad es tonta porque se lamenta, se preocupa, y no consigue nada.

Además, "los paganos andan tras todas estas cosas" (Mateo 6:32). Dejar que el heredero del cielo actúe de mejor manera que el hombre mundano. Nuestra desconfianza de Dios es infantil y deshonrosa. Si no pudiéramos confiar en Él, ¿podríamos nosotros manejar mejor las cosas? ¿Podemos hacer algo mejor conocer que todas las cosas que Dios hace, son para el bien de quienes lo aman"?

Padre, abre los ojos de mi corazón para ver quien eres. Pongo mis ansiedades y preocupaciones a tus pies. Amén

DIA 3

La adopción:
el Espíritu y el clamor

*"Y por cuanto sois hijos, Dios envió a vuestros
corazones el Espíritu de su Hijo,
el cual clama: ¡Abba, Padre!*
GÁLATAS 4:6 RVR

La palabra *Abba** es, de todas las palabras y de
todos los idiomas, la más natural para designar al
padre. En realidad es una palabra infantil, y no me
cabe duda que nuestro Maestro, en su agonía en el
Getsemaní, sintió predilección por las expresiones
infantiles (Marcos 14:36). Pienso que esta dulce
palabra *Abba,* fue escogida para mostrarnos que se
espera de nosotros que seamos muy naturales con
Dios, y no que seamos artificiales posudos o formales.
Debemos ser muy afectuosos, acercarnos a Dios y
sentirnos cómodos reclinándonos sobre su hombro,

mirando su rostro y hablándole con denuedo santo. "Abba" en realidad no es una palabra formal, sino algo así como la expresión de un bebé. ¡Ah, cuan cerca estamos de Dios cuando podemos usar tal clase de vocabulario! Cuan querido es Él para nosotros, y nosotros para Él cuando le decimos como lo hizo su mismo Hijo: "Abba, Padre".

¿A qué niño le importa que su padre lo escuche clamar o llorar?

Es infantil no solo el clamor de nuestros corazones, sino también el tono y la manera de expresarlo. Note que es un *clamor.* Si logramos una audiencia con un rey, o con una persona importante o de elevada dignidad, no clamamos; hablamos en tonos mesurados y con frases elaboradas. Pero el Espíritu de Dios echa fuera el formalismo y nos guía a clamar: "Abba". Aún nuestros muchas clamores están saturados del espíritu de adopción. ¿Y a que niño le importa que su padre lo escuche clamar o llorar? Cuando el Espíritu que mora en nosotros produce clamores y gemidos, ni nos avergonzamos ni tenemos temor de clamar delante de Dios. Quizá piense usted que Dios no oye sus oraciones porque no puede orar bonito o con elocuencia como lo hace otra persona.

Pero el Espíritu de Jesús clama y usted no puede hacer nada mejor que clamar también. Siéntase satisfecho de orar al Señor con un lenguaje quebrantado, con palabras sazonadas con sus pesares, humedecidas con sus lágrimas. Acérquese a Él con familiaridad santa y no tema clamar en su presencia: "Abba, Padre".

¿No nos ha llevado a veces tan cerca de Él que hemos dicho: "No te dejaré ir si no me bendices?" (Génesis 32:26). Nuestro clamor es por Él. Nuestro corazón y nuestra carne claman por Dios, por el Dios vivo.

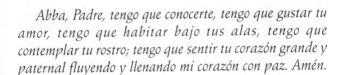

Abba, Padre, tengo que conocerte, tengo que gustar tu amor, tengo que habitar bajo tus alas, tengo que contemplar tu rostro; tengo que sentir tu corazón grande y paternal fluyendo y llenando mi corazón con paz. Amén.

---

* "*Abba*, palabra aramea que Jesús empleaba frecuentemente para dirigirse al Padre. La usaban también los cristianos de la primera generación (Ro. 8:15; Gá. 4:6) para expresar una relación muy íntima entre Dios y sus hijos." (Nuevo Diccionario Bíblico Ilustrado, Editorial CLIE 1985, p. 4)
   Algunos autores cristianos afirman que por su familiaridad, esta palabra sería equivalente al apócope *"Pa"* o al diminutivo *"Papito"* del idioma Español. (Nota del Traductor)

DIA 4

La oración eficaz

———⟨⟨⟨⟨⟨⟩⟩⟩⟩⟩———

"Tan pronto como empezaste a orar,
Dios contestó tu oración. He venido a decírtelo
porque tú eres muy apreciado.
DANIEL 9:23

¿Con qué se podrían comparar las plegarias de Daniel? Me parece a mí que en intensidad eran como truenos y relámpagos a las puertas del cielo. Se paró allí frente a Dios y le dijo: "Oh, Altísimo, Tú me has traído hasta este punto así como llevaste a Jacob al vado del río Jaboc, y tengo la intención de estar contigo toda la noche y luchar hasta que llegue el alba. No puedo dejarte, y "no te dejaré hasta que me bendigas" (Génesis 32:26). Ninguna oración producirá una respuesta inmediata, si no es una oración ferviente. "La oración del justo es poderosa y eficaz" (Santiago 5:16), pero si no es ferviente no podemos esperar que sea eficaz. Tenemos que evitar el lenguaje florido. Debemos pedirle a Dios que derrita las congeladas cavernas de nuestra alma, y que convierta nuestros corazones en hornos de fuego ardiendo 7 veces más. Si nuestros corazones no arden quizá nos preguntemos si Jesús está con nosotros. Él ha amenazado con vomitar de su boca a quienes no son fríos ni calientes (Apocalipsis 3:16). Si es cierto que Él es "fuego consumidor", no tendrá comunión con nosotros hasta que nuestras almas crezcan, maduren y se conviertan también en "fuego que consume".

¡Ah, por un poderoso clamor! ¡Un clamor! ¡Que prevalezca! ¡Que estremezca los ámbitos celestiales! ¡Un clamor que abra las puertas de los cielos! ¡Que sea irresistible para Dios! ¡Un clamor que los santos eleven juntos en amor y lleno de pasión santa! Deja que de Dios arroje la piedra en el pozo estancado de su iglesia y podamos ver como las ondas del avivamiento son expandidas a través de todo el mundo. El reino de Dios se extenderá y vendrán días de refrigerio y fluyendo de la presencia del Señor. Permítame decir ahora ante su

Ninguna oración producirá una respuesta inmediata si no es una oración ferviente.

vista que aún si a Él no le place oirnos al comienzo de nuestra súplica, es nuestro deseo esperar en Él hasta que lo haga. Aún permaneces escondido tras las montañas, pero esperaremos por Ti como aquellos que esperan la mañana. ¡Pero no te tardes Dios, nuestro! ¡Apresúrate, amado nuestro!

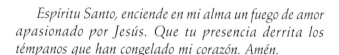

Espíritu Santo, enciende en mi alma un fuego de amor apasionado por Jesús. Que tu presencia derrita los témpanos que han congelado mi corazón. Amén.

La oración en el Espíritu

"Manténganse orando en el Espíritu"
JUDAS 20

Es una reflexión deliciosa considerar que Dios observa a sus hijos y no se sienta como un espectador indiferente ante sus conflictos y dificultades. El Señor conoce nuestras debilidades y flaquezas en la oración y sin embargo no está enojado con nosotros. Por el contrario es compasivo y amoroso, y en lugar de cerrar la puerta de su misericordia inventa formas para llevar al débil a su presencia. Él enseña al ignorante cómo debe orar y fortalece al débil con su propia fortaleza. Su ayuda no se encuentra en un libro o en la repetición de ciertas palabras en ciertos lugares consagrados, sino en la ayuda condescendiente del Espíritu Santo.

Comprendo que el Espíritu Santo está actualmente dispuesto a ayudarme a orar, que me dirá cómo

Si frente al trono de la gracia le faltan palabras, no fracasará en su intento de obtener la bendición de Dios y su corazón saldrá vencedor.

hacerlo y que cuando llego a un punto en que me faltan palabras para expresar mis deseos, Él se hará presente en mi necesidad e intercederá por mí con gemidos indecibles. En su agonía en el Getsemaní Jesús fue fortalecido por un ángel; usted será fortalecido por Dios mismo. Este pensamiento no requiere de adornos de retórica alguna. Tome esta verdad como si fuera un lingote de oro de ofir y valórela como tal. Ella no tiene precio. Dios Espíritu Santo se complace en ayudarle cuando usted está de rodillas orando. Aunque no pueda articular ni siquiera dos palabras al hablar con la gente, Él le ayudará a hablar con Dios. Y si frente al trono de la gracia le faltan palabras no fracasará en su intento de obtener la bendición de Dios y su corazón saldrá vencedor. Dios no necesita de las palabras para entendernos. Él nunca lee nuestras peticiones según nuestra expresión exterior sino de acuerdo a nuestro clamor interior. El Señor toma nota del anhelo, del deseo, del suspiro y del clamor.

Recuerde que lo exterior de la oración es como la concha, y la oración interna es como la perla, su verdadera esencia. Ciertamente la oración que nace de la amargura y la angustia de un espíritu desolado —un clamor disonante para los oídos humanos- es música para el oído de Dios. Tome nota de la importancia que en la oración tiene la disposición y la actitud del corazón y cobre ánimo.

Espíritu Santo, enséñame a orar fortaléceme en oración. Mi corazón es tuyo. Intercede por mí ante el trono del Padre. Amén.

DIA 6

La oración:
verdadero poder

———∞———

"Por eso les digo: Crean que ya han
recibido todo lo que estén pidiendo
en oración, y lo obtendrán"
MARCOS 11:24

Levantemos nuestra mirada a lo alto y dejemos que broten las lágrimas. Oh, Señor, Tú nos has dado un arma poderosa y nosotros la hemos dejado enmohecer. Nos has dado algo tan poderoso como tú mismo, y hemos permitido que esté adormecido. Qué hemos de decir de nosotros cuando Dios nos ha dado poder en la oración –poder incomparable lleno de bendiciones para nosotros, e infinitas misericordias para otros- y tal poder sigue dormido. Has dado a tu pueblo un regalo mejor que el sol, el viento, o la vida y lo tenemos ahí, sin darle el uso debido. Casi llegamos a olvidar que lo podemos usar. ¡Llora, creyente! Hemos sido derrotados y nuestra bandera yace en el polvo deshonrada porque no hemos orado. Vuelva donde su Dios y confiese que usted se enroló en filas y juró bandera, pero dio la espalda el día de la batalla. Su espíritu no ha sido conmovido. ¡Despierte! Despierte y asómbrese: usted ha descuidado la oración. Como Jacob, luche con su Dios y la bendición vendrá: la lluvia temprana y la lluvia tardía de su bendición y la tierra producirá a plenitud y todas las naciones lo bendecirán.

Una vez más levante la vista y regocíjese. Usted no ha buscado el rostro divino pero Dios sigue clamando: "Busca mi rostro" (Salmo 27:8RVR). ¡Qué bendición más grande es que nuestro Maestro en los cielos está siempre listo a oírnos! Que cada

Lo desafío a que trate de agotar la generosidad del Maestro.

vena de su corazón rebose con la rica sangre del deseo, y luche y contienda con Dios empleando sus promesas e invocando sus atributos, y vea si Él no le concede los deseos de su corazón. Lo desafío a que en oración trate de agotar la generosidad del Maestro. Crea que Él es más de lo que es actualmente para usted. Abra su boca de tal manera que Dios no pueda llenarla. ¿Cree que eso es posible? Acérquese a Él ahora en procura de más fe de la que garantizan las promeas. Aventúrese, arriésguese a deshacer lo eterno, si esto es posible. Crea, y vea si creyendo Dios no le bendice abundantemente con la unción de su Espíritu Santo mediante la cual usted será fuerte en la oración. El Señor lo escuchará y usted orará como un príncipe conquistador.

Padre, yo busco tu rostro. Tu promesa es asombrosa. Lléname de fe. Amén.

DIA 7

La incesante oración

———∞———

Oren Sin cesar.
1 TESALONICENSES 5:17

Lo que el Señor Jesucristo le asegura con estas palabras, que usted puede orar sin cesar. No existe ni un solo momento en el cual esté eximido de orar. Ni un solo instante que no sea santo en una hora, ni una hora excluída en el día o en el año. Dondequiera que buscamos al Señor con corazones sinceros, allí lo encontramos; cuando quiera que clamamos a Él, nos oye.

Usted tiene permiso de llegar al trono de la gracia cuando lo desee porque, cuando Jesús murió en la cruz, el velo del Lugar Santísimo fue partido en dos, de arriba abajo, abriéndonos así el acceso al trono de manera indiscutida e indiscutible. Nadie podía entrar donde el monarca del cual habla el libro de Ester, que tenía su palacio en Susa, a menos que fuera llamado. Pero el Rey de reyes ha invitado a todos sus hijos a

Nada puede establecer una barrera entre un alma que ora y su Dios

acudir a Él cuantas veces quieran. Quien sin ser invitado se presentaba ante Asuero, el monarca persa, moría si el rey no le extendía su cetro. Pero nuestro Rey nunca retrae su cetro, siempre lo tiene extendido y cualquiera que lo desee puede llegar a Él, una y cuantas veces quiera. Entre los persas había unos cuantos nobles privilegiados que tenían el derecho particular y especial de tener audiencia con el rey a la hora que eligieran. Ese derecho de unos pocos, considerados grandes, es el privilegio de cada hijo de Dios que puede presentarse en cualquier momento ante el gran rey. La media noche no es demasiado tarde para Dios; el nacer de la aurora, cuando se avizoran las primeras luces del día, no es demasiado temprano para el Altísimo; si es medio día, no está demasiado ocupado, y cuando llega la noche no está demasiado cansado con las oraciones de sus hijos. Poder orar en todo momento es la concesión más dulce y valiosa otorgada al creyente para que, a cualquier hora, abra su corazón al Señor.

Las puertas del templo del amor divino no se cierran nunca. Nada puede establecer una barrera entre un alma que ora y su Dios. Las rutas de los ángeles y de las oraciones está siempre abierta. Tan solo enviemos la paloma de la oración y estemos seguros de que regresará a nosotros con una rama del olivo de la paz. Hoy como siempre el Señor se interesa en las plegarias de sus hijos y quiere ser misericordioso con ellos.

Señor Jesús, Tú abriste las puertas del templo para siempre. Que mi corazón siempre habite allí. Amén.

DIA 8

Hagase tu voluntad

---

*"Hágase tu voluntad así en la
tierra como en el cielo."*
MATEO 6:10

Dios conoce lo que contribuye mejor a sus designios de misericordia. Él ordena todas las cosas según el consejo de su voluntad y ese consejo jamás se equivoca. Aceptemos en adoración que así sea y no deseemos que su sabia voluntad sea modificada. Esa *voluntad* puede ser costosa para nosotros, pero Dios no obliga nuestras voluntades. Que nuestras mentes sean totalmente obedientes a la voluntad divina. La voluntad de Dios quizá nos traiga privación, enfermedad y pérdida, pero aprendamos a decir: "Él es el Señor; que haga lo que mejor le parezca" (1 Samuel 3:18). No solo debemos someternos a la voluntad divina, sino estar de acuerdo con ella hasta el punto de regocijarnos en las tribulaciones que ella pueda deparar. Este es un gran logro pero somos nosotros quienes determinamos alcanzarlo. Quien nos enseñó a orar sometiendo nuestra voluntad practicó este principio sin ninguna restricción. Cuando el sudor como sangre bañaba su rostro y todas las posibles angustias y los temores humanos lo agobiaban, no cuestionó el decreto del Padre, por el contrario, bajó su cabeza y clamó: "No se haga mi voluntad sino la tuya" (Lucas 22:42).

Si la oración no hubiera sido dictada por el mismo Señor Jesús, la consideraríamos demasiado atrevida. ¿Podría ser que esta tierra, una mera gota comparativamente tan pequeña, pueda tocar el gran mar de la vida y de la luz y no perderse en él? ¿Puede convertirse en el cielo y seguir siendo la tierra? En esta tierra sujeta a vanidad, manchada por el pecado, surcada por la aflicción... ¿puede la santidad habitar en ella como si fuera el cielo? Nuestro divino instructor no nos pediría que oráramos por imposibilidades. Él pone en nuestra boca tales peticiones porque pueden ser oídas y respondidas. Esta oración de sumisión y sometimiento sigue siendo una gran oración matizada con lo infinito. ¿Puede la tierra estar en sintonía con las armonías celestiales? Puede y debe estarlo porque el que nos enseñó esta oración no estaba haciendo burla de nosotros con palabras vanas. Esta es una oración valiente que solo una fe proveniente del cielo puede expresar. No es la semilla de la presunción, porque la presunción no anhela que la voluntad del Señor se realice de manera perfecta.

Allá arriba no se juega con las cosas sagradas; los habitantes del cielo "ejecutan la voluntad de Dios obedeciendo a la voz de sus preceptos" (Salmo 103:20). Que aquí abajo no solamente se predique y se cante acerca de la voluntad divina, sino que "se haga...en la tierra...como en el cielo."

Padre Celestial, cualquiera que sea el costo de tu voluntad para mí en el día de hoy, es muchísimo menos de lo que le costó a tu Hijo, mi Señor Jesús. Tu voluntad sea hecha en mi vida. Amén.

DIA 9

El trono de la gracia

———⊷⊶———

"Así que acerquémonos
confiadamente al trono de la gracia."
HEBREOS 4:16

Si soy uno de los favorecidos al que se le permite frecuentar la corte del cielo por la gracia divina, ¿no debo alegrarme por ello? Yo debería estar en su prisión, echado de su presencia para siempre, y sin embargo ahora me encuentro ante su trono y aún soy invitado a su cámara secreta de audiencias indulgentes. ¿No debe mi gratitud convertirse en gozo supremo y no debo sentir que soy objeto de grandes favores cuando se me permite orar?

Corazón mío, póstrate ante tan magnífica presencia. Si Él es tan grande pon tu boca en el polvo delante de Dios, porque es el más poderoso de todos los reyes y su trono tiene dominio sobre todos los mundos. El cielo le obedece con alegría, el infierno tiembla ante su mirada y la tierra es constreñida a rendirle adoración, voluntaria o forzosa. Su poder crea o destruye. Alma mía, cuando te acerques al Omnipotente, que es fuego consumidor, quita el calzado de tus pies y adóralo con la máxima humildad.

El cielo le obedece con alegría, el infierno tiembla ante su mirada y la tierra es constreñida a rendirle adoración, voluntaria o forzosa.

Él es el más santo de todos los reyes. Su trono es un gran trono blanco, sin mancha y tan claro como el cristal. "Si a sus ojos no tiene brillo la luna, ni son puras las estrellas, mucho menos el hombre, simple gusano" (Job 25:5-6).

¡Ah, con cuánta humildad debe usted acercarse a Dios! Con familiaridad, sí, pero con santidad. Con confianza, pero sin impertinencia. Usted está todavía en la tierra y Él en el cielo. Usted es un gusano de la tierra y Él es el Eterno. Antes de que nacieran los montes. Él era Dios, y todas las cosas creadas deben pasar pero Él sigue siendo el mismo. Me temo que no nos postramos como debiéramos ante la eterna majestad. Pidámosle al Espíritu de Dios que nos ponga en la posición correcta para que cada una de nuestras oraciones llegue a ser un acercamiento reverente a la infinita majestad de lo alto.

Padre celestial, me humillo en silencio ante alguien tan majestuoso como Tú. Amén

DIA 10

Adoración

*"¡A Él sea la gloria en la iglesia y en
Cristo Jesús por todas las generaciones,
por los siglos de los siglos! Amén"*
EFESIOS 3:21

En el texto anterior encontramos adoración; no oración, el apóstol ya había orado. Encontramos adoración, no tanto alabanza en la manera en que la conocemos, lo cual es mucho menos de lo que podemos dar. Se me hace bastante difícil describir la adoración. La alabanza es un río que corre gozoso a través de su propio canal, con flancos en ambos lados para que fluya hacia su objetivo. Pero la adoración es el mismo río fluyendo y desbordando sus flancos u orillas, inundando el alma y cubriendo la naturaleza toda con sus grandiosas aguas; y no tanto en movimiento y causando conmoción a su paso, sino en reposo, reflejando cual espejo la gloria que brilla sobre sus aguas, como un sol de verano reflejándose en un inmenso mar de cristal.

La adoración no busca la presencia divina sino que está consciente de ella en un grado indecible y, por lo tanto, se llena de asombro reverente y de paz como el mar de Galilea cuando sus olas sintieron el contacto de los sagrados pies del Maestro. La adoración es la plenitud, la altura, la profundidad, la anchura y la extensión de la alabanza. La adoración se asemeja al cielo estrellado que está siempre contando la gloria de Dios "sin palabras, sin lenguaje, sin una voz perceptible" (Salmo 19:3). La adoración es el elocuente silencio de un alma tan saciada y tan plena, que no puede expresar su sentir con palabras. Postrarse en el polvo en humildad y no obstante remontarse en sublimes pensamientos, hundirse en la nada y sin embargo, engradecerse y ser lleno de toda la plenitud de Dios, vaciar la mente de todo pensamiento y llenarla a la vez, perderse totalmente en Dios: eso es adoración.

Debemos establecer un tiempo mayor para este sagrado compromiso. Nuestras vidas serían enriquecidas de manera excepcional si establecemos el hábito de pedirle diariamente al Espíritu Divino que frecuentemente nos eleve por encima de todas las pequeñas preocupaciones e intereses que nos circundan, hasta que seamos conscientes solamente de Dios y de su excelsa gloria. ¡Ah, que el Espíritu Santo nos sumerja en el más profundo mar de la divinidad hasta que perdidos en su inmensidad, podamos expresar maravillados: "¡Oh, qué profundidad! ¡Qué hondura!" Aparte su mirada de todo lo demás y fíjela en Él, el Señor Dios Todopoderoso, el Cordero inmolado. Piense en Él solamente y ríndale adoración.

Gloria a Ti, Dios Eterno. Por la eternidad Tú eres Dios. Que yo me pierda en la plenitud de tu Espíritu. Amén.

La llave de oro
de la oración

———⊷⊶———

"Clama a mí y te responderé, y te daré
a conocer cosas grandes y
ocultas que tú no sabes"
JEREMÍAS 33:3

Las piedras solo se parten por fuertes golpes de martillo, y la piedra de cantería es aún más resistente. Use el martillo de la diligencia y permita que las rodillas se ejerciten en la oración. No existe en la revelación una doctrina útil que como piedra no se haga pedazos cuando usted ejercita la oración y la fe. "Orar bien es estudiar bien" era un sabio proverbio de Martín Lutero. Usted puede lograr lo que se proponga si utiliza la palanca de la oración. Los pensamientos y las ideas pueden ser como las cuñas de acero que penetran en la verdad, pero la oración es la palanca que abre el cofre de hierro de los misterios sagrados. El reino de los cielos se hace fuerza y los valientes lo arrebatan. Si tiene cuidado de trabajar con la poderosa herramienta de la oración, nada se le puede resistir.

Si tiene cuidado de trabajar con la poderosa herramienta de la oración, nada se le puede resistir.

El creyente puede descubrir experiencias mayores y tener un conocimiento más profundo de la vida espiritual pasando más tiempo en oración. No todos los progresos de la vida espiritual son igualmente fáciles de alcanzar. Tenemos los hechos comunes como el arrepentimiento y la fe, pero también hay un ámbito mucho más alto de una unión consciente y una comunión íntima con Cristo. Todos los creyentes pueden ver a Jesús, pero no a todos se les permite meter los dedos en los orificios que dejaron los clavos. No todos tienen el privilegio de reclinarse en el hombro del Señor, o de ser llevados al tercer cielo.

La mayoría de los cristianos solo se ha sumergido hasta los tobillos en las aguas de la experiencia cristiana. Algunos tal vez se han aventurado hasta tener el agua al nivel de sus rodillas. Otros, más pocos aún, han permitido que les llegue hasta el hombro. Pero para muy pocos llega a ser un río en el cual pueden nadar y cuyo fondo no pueden tocar. Hay alturas en la experiencia del conocimiento de las cosas de Dios que nunca ha visto el ojo de águila de la perspicacia humana y de la filosofía. Existen sendas secretas que no ha aprendido a trasegar el cachorro de león de la razón y del juicio. Solo Dios nos puede llevar hasta estos lugares, pero el carro en el cual nos lleva y los ágiles corceles que lo tiran son las oraciones que prevalecen.

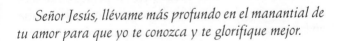

Señor Jesús, llévame más profundo en el manantial de tu amor para que yo te conozca y te glorifique mejor.

DIA 12

La oración en la cueva

---

*Masquil de David. Cuando
Estaba en la cueva. Oración.*
TÍTULO DEL SALMO 142

David oró cuando estuvo en la cueva. Si tiempo después, cuando estuvo en su palacio, hubiera orado siquiera la mitad de lo que oró cuando estaba en la cueva, todo hubiera sido mejor para él. Si hubiera estado mirando hacia el cielo, si su corazón hubiera estado en comunión con Dios, nunca hubiera mirado a Betsabé, y jamás habría cometido ese tremendo crimen que manchó horrendamente todo su carácter.

El nuestro no es un Dios de las colinas solamente, sino también de los valles. Él es tanto el Dios del mar como de la tierra. Él escuchó a Jonás cuando estaba aprisionado –al parecer para siempre- en el vientre del gran pez. Cualquiera que sea su lugar de trabajo, allí puede orar. Dondequiera que se acueste, allí puede elevar su oración. No existe un lugar al cual pueda ir y alejarse de Dios, y no hay un momento, del día o de la noche, en el cual el trono de Dios sea inaccesible. Las cuevas han podido escuchar las mejores oraciones. Algunos de los hijos e hijas de Dios brillan mejor en la oscuridad. Muchos de los herederos del cielo oran muy bien solo cuando están en necesidad. Algunos cantan en su lecho de enfermos, pero cuando están bien de salud, raramente lo hacen. Otros alaban a Dios bajo el fuego de la aflicción, pero no lo hacen antes de que la prueba llegue.

David iba a ser rey de Israel. ¿Cuál sería su camino al trono en Jerusalén? Ese camino pasó primero por la cueva de Adulam. Tuvo que pasar por allí como un comienzo, porque esa era la manera en que se convertiría en rey. Cuando Dios está a punto de llevarlo a usted a un nivel espiritual más alto, primero le hace descender. Él le hace sentir

Otros alaban a Dios bajo el fuego de la aflicción, pero no lo hacen antes de que la prueba llegue.

hambre antes de alimentarlo bien; Él lo desnuda antes de vestirlo; lo convierte en nada, antes de hacer de usted algo grande. Jacob llegó a ser el "Príncipe de

Dios" cuando Dios tocó su cadera y lo puso a cojear. No se asombre si tiene que pasar por la cueva. Allí es donde Dios le enseñará a orar.

Padre bueno, venga lo que viniere a mi vida hoy, sea una cueva o un trono, que en mis labios siempre permanezcan las albanzas para Ti. Amén.

DIA 13

Oraciones
momentáneas

———❧———

"Entonces oré al Dios de los cielos..."
NEHEMÍAS 2:4

Durante cuatro meses ha orado Nehemías por los arruinados muros de Jerusalén. El nombre de su querida ciudad parece estar escrito en su corazón todo el tiempo, grabado en sus pupilas, día y noche. Un solo pensamiento absorbe a Nehemías, una sola pasión consume su alma, y entonces, Dios le da una oportunidad. Artajerjes le pregunta qué es lo que desea, y antes de responder Nehemías eleva una rápida oración pidiendo la ayuda divina.

No es esta la oración que llama persistente a la puerta de la misericordia, sino la concentración de muchas llamadas en una sola. Ocurrió entre la pregunta del rey y la respuesta de Nehemías.

Probablemente el intérvalo de tiempo no fue suficientemente largo para ser notado por el monarca, pero si lo fue para que Dios lo notara, y suficiente para que Nehemías buscara y obtuviera la guía de Dios en cuanto a la manera en que debía responder la pregunta del rey. "Temiendo en gran manera" (Nehemías 2:2) en ese momento, eleva su oración como un relámpago, en un abrir y cerrar de ojos, intuitivamente, y está demostrado que su oración prevaleció y obtuvo la respuesta de Dios.

Sabemos que la suya fue una oración silenciosa. Artajerjes nunca supo que su copero había orado, aunque lo tenía probablemente a una yarda de distancia. Nehemías oró en la parte más profunda del templo –en el lugar santísimo de su propia alma. Su oración fue corta y silenciosa.

Nunca subestime o menosprecie el valor de una oración momentánea.

Fue una oración en la escena, en el punto de los acontecimientos. No fue a su alcoba ni abrió su ventana al orar, como lo hizo Daniel en otras circunstancias. Daniel obró correctamente pero la ocasión de Nehemías es diferente. Ni siquiera volvió su rostro hacia la pared. No; allí y en ese instante, con la copa del rey en su mano oró al Dios de los cielos, y luego respondió la pregunta del rey. Y su oración fue muy intensa y muy directa. "El Dios de los cielos" era para Nehemías el nombre favorito de Dios. Él sabía a quién le estaba orando. No inclinó su cabeza ni disparó su oración en cualquier dirección, sino que oró directamente a Dios y le pidió exactamente lo que quería.

Nunca subestime o menosprecie el valor de una oración momentánea. La oración de Nehemías –una pequeña porción de oración apretada entre una pregunta y una respuesta, un mero fragmento de devoción- jamás será borrada de la historia bíblica.

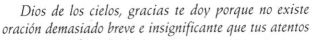

Dios de los cielos, gracias te doy porque no existe oración demasiado breve e insignificante que tus atentos oidos no escuchen. Amén.

DIA 14

Oraciones valientes

———

*"Cuando Daniel supo que el edicto había
sido firmado, entró en su casa, y abiertas las
ventanas de su cámara que daban hacia Jerusalén, se
arrodillaba tres veces al día, y oraba y daba gracias
delante de su Dios, como lo solía hacer antes"*
DANIEL 6:10 RVR

Hay algunas cosas en la vida espiritual que no son
absolutamente esenciales, pero la oración hace
parte de la esencia misma de la espiritualidad. Quien
no ora carece en su alma del aliento mismo de la vida
de Dios. Se nos dice que Daniel fue un hombre de
espíritu excelente, un hombre de oración abundante.
El oraba por su pueblo en el exilio, por quienes estaban
en esclavitud. En sus oraciones intercedía por
Jerusalén. Lo acongojaba el hecho de que la ciudad
estaba desolada, que todavía el destructor caldeo
estaba sobre el monte Sion, que una vez había sido el

gozo de toda la tierra. Oraba por el retorno de la cautividad, que él sabía había sido ordenada por Dios. Hubiera sido muy agradable haber escuchado por la cerradura en la puerta de la alcoba de Daniel, las poderosas intercesiones que salían de allí hacia el trono del Señor de los ejércitos.

Se nos dice también que Daniel mezclaba la acción de gracias en todas sus oraciones. Una devoción es muy pobre cuando siempre está pidiendo y nunca expresa su gratitud. Las oraciones en las cuales no hay acción de gracias son egoistas y no reciben respuesta. La oración

Quien no ora carece en su alma del aliento mismo de la vida de Dios.

y la alabanza son como nuestro sistema respiratorio. La oración inhala cantidades de la gracia y el amor de Dios, y luego la alabanza las exhala otra vez. Daniel ofreció al Señor ese aromático incienso hecho de muchas especies: de deseos y anhelos sinceros mezclados con adoración. Había sido exaltado a una gran prosperidad natural, pero "su alma también había prosperado" (3 Juan 2) y rehusó intoxicarse con el éxito o alejarse de Dios atraído por las pompas mundanas. Mantuvo la energía de su profesión exterior, mediante la comunión íntima con Dios. Cuando sus enemigos lo atacaron, recordó que había cosas mucho más preciosas que la gloria humana y la prosperidad. Mejor una onza de la gracia divina lograda mediante la oración, que una tonelada de los bienes mundanos. Postrarse ante Dios y honrarlo, sin importar el costo, porque Él es digno, es mucho mejor aún si el costo implica caer en la boca del león. Esa fue la convicción de Daniel.

Padre Dios, ayúdame a tener el valor de ser un Daniel en el día de hoy. Hazme un príncipe de la oración. Amén.

El secreto del poder en la oración

———⊸≈⊶———

*"Si permanecen en mí, y mis palabras
permanecen en ustedes, pidan lo que quieran,
y se les concederá"*
JUAN 15:7

La oración brota espontáneamente de la vida de quienes permanecen y moran en Jesús. La oración es el afecto natural de un alma que tiene comunión con el Señor. Así como las hojas y los frutos brotan de la vid sin ningún esfuerzo consciente, sencillamente por estar unidas al tronco, así brotan, florecen y dan fruto las oraciones de las almas que moran en Jesús. Tal como brillan las estrellas, así los creyentes en comunión con Dios, oran. Cuando lo hacen no se dicen a sí mismos: "Llegó la hora de nuestra tarea de orar." No; ellos oran así como la gente

> *Los corazones que moran en Cristo y donde Cristo mora, producen oraciones así como el fuego produce chispas y llamas.*

con sentido común como cuando el deseo de alimentarse llega. No se lamentan como esclavos diciendo: "Debemos orar, pero no siento deseos de hacerlo. ¡Qué cansancio con este asunto de la oración." Para ellos acercarse al trono de la gracia es un encargo deleitoso y se gozan en llegar allí. Los corazones que moran en Cristo y donde Cristo mora, producen oraciones así como el fuego produce chispas y llamas. Las almas que moran con Cristo comienzan el día con oración; la oración las circunda como una atmósfera todo el día, y en las noches se duermen orando. Gozosamente pueden decir: "Despierto y aún estoy contigo" (Salmo 139:18 RVR). El hábito de orar y pedir a Dios proviene de habitar en Cristo.

El fruto de morar en el Señor también incluye la libertad para orar. ¿No se arrodilla usted a veces a orar y no siente poder en la oración? Quiere orar pero las aguas están congeladas y no fluyen. La voluntad de orar existe pero no así la libertad para hacerlo. ¿Quisiera, entonces, tener la libertad para orar y poder hablar con Dios como habla cualquiera con un amigo? Esta es la manera:"Si permanecen en mí, y mis palabras permanecen en ustedes, pidan lo que quieran, y se les concederá" Esto no significa que ganará libertad para un mero fluir de palabras, lo cual es un don inferior. La fluidez es una capacidad cuestionable, especialmente si las palabras no van acompañadas con el peso del pensamiento y la intensidad del sentimiento. Algunos hermanos oran por metros, pero la oración se mide por su peso, no por su extensión. Un solo clamor sincero será una oración más plena y tendrá más peso ante Dios que una oración bonita, elaborada y larga.

<hr>

Señor Jesús, quiero morar en Ti hoy. Orar es mi alegría. Amén.

DIA 16

La oración intercesora

---

*"Después de haber orado por sus amigos,
el Señor hizo prosperar de nuevo a Job."*
JOB 42:10

¡Qué extraordinaria promesa la que contiene este versículo! Nuestras aflicciones más largas tienen su fin, y la infelicidad más profunda su fondo también. El frío del invierno no durará para siempre; pronto veremos la sonrisa del verano. La ola no estará siempre en eterno reflujo, el flujo siempre le sigue. La noche no tenderá su manto para siempre sobre nuestras almas; el sol se levantará trayendo sanidad en sus rayos. El Dios que cambió la cautividad de Job puede cambiar la suya como los arroyos en el desierto. Él hará que su viña florezca y que sus campos den fruto otra vez.

La oración intercesora de Job fue la señal del retorno de su perdida grandeza. Fue como el arco iris en las nubes y como la paloma enviada por Noé que trajo la rama de olivo. Cuando el alma de Job comenzó a ensancharse en santa y amorosa oración intercesora por sus amigos pecadores, el corazón de Dios se manifestó devolviéndole la prosperidad y dándole aliento interior a su ser.

Recuerde que la oración intercesora es la más dulce de las oraciones que Dios pueda escuchar. ¡Y qué maravillas las que tal oración ha logrado! La oración intercesora ha detenido plagas. Puso fin a la oscuridad que había caído sobre Egipto, expulsó las ranas que habían invadido la tierra, dispersó los piojos y las langostas que afligieron a los habitantes de Zoan, hizo cesar los rayos y los truenos, y fue la causa también de todas estas plagas que la mano vengadora de Dios había enviado sobre Faraón y el pueblo egipcio. Sabemos que la oración intercesora

> *La oración intercesora de Job fue la señal del retorno de su perdida grandeza. Fue como el arco iris en las nubes y como la paloma enviada por Noé que trajo la rama de olivo.*

sanó enfermedades en la época de la iglesia naciente. Tenemos evidencia de su eficacia en los tiempos mosaicos. Cuando María, la hermana de Moisés, recibió la maldición de la lepra, Moisés oró por ella y la lepra desapareció. La oración intercesora también ha levantado muertos, como cuando el profeta Elías se echó siete veces sobre el cuerpo de un muchacho, el chico estornudó y su alma regresó a su cuerpo. ¡Solo la eternidad nos revelará cuántas almas se salvaron por causa de la oración intercesora! No hay nada que la oración intercesora no pueda lograr. Creyente, tiene una fuerza poderosa a la mano, úsela bien, úsela constantemente, úsela ahora con fe, y con toda seguridad saldrá avante.

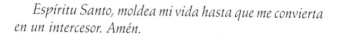

Espíritu Santo, moldea mi vida hasta que me convierta en un intercesor. Amén.

DIA 17

Estorbos
de la oración

———⟨≋⟩———

*"Para que sus oraciones
no tengan estorbo."*
1 PEDRO 3:7

L a oración es algo valioso pues es el canal por el
cual vienen a la vida del creyente invaluables
bendiciones y la ventana a través de la cual son
suplidas sus necesidades por un Dios misericordioso.
La oración es el barco que compra en los cielos y vuelve
a casa, desde el país celestial, cargado con tesoros más
valiosos que los que traían los galeones españoles de
la tierra del oro. Es tan valiosa la oración que el apóstol
Pedro advierte a los esposos y las esposas que deben
observar –en sus relaciones conyugales y en los
asuntos familiares- un comportamiento adecuado de
tal manera que sus oraciones en conjunto "no tengan

estorbo". Cualquier cosa que estorbe la oración es incorrecta. Si algo relacionado con la familia está perjudicando nuestro poder en la oración, entonces hay una necesidad urgente de cambiar. El esposo y la esposa deben orar juntos como coherederos de la gracia, y cualquier comportamiento, actitud o hábito que estorbe esta oración conjunta, es malo.

Lo que usted es cuando está de rodillas, es lo que realmente es en la presencia de su Dios"

La oración es la verdadera medida del poder espiritual. Restringir la oración es una tendencia peligrosa y mortal. Un dicho veraz es que "lo que usted es cuando está de rodillas, es lo que realmente es en la presencia de su Dios" Lo que el fariseo y el publicano eran al orar fue el verdadero criterio para determinar su condición espiritual (Lucas 18:10-14). Usted puede mantener una reputación muy decente delante de los hombres, pero es poca cosa ser juzgado por el juicio humano, porque el hombre ve solamente lo exterior, mientras que los ojos del Señor escrutan las interioridades del alma. Sí Él ve que su oración es escasa, hace poco caso de su asitencia a las reuniones religiosas o a sus palabras muy espirituales. Por el contrario, si es una persona que practica la oración ferviente –y especialmente si posee un espíritu de oración de tal modo que su corazón habitualmente habla con Dios- sus cosas marcharán bien. Pero si no es este su caso, si sus oraciones sufren estorbo, hay algo en su sistema espiritual que debe ser expulsado, o algo que falta y debe ser suplido. "Por sobre todas las cosas cuida tu corazón, porque de él mana la vida" (Proverbios 4:23), y las oraciones vivas provienen de esa fuente de vida.

Padre celestial, Tú ves lo que estorba las oraciones en mi vida. Me arrepiento de mi pecado y deseo darte mi corazón solamente a Ti. Amén.

DIA 18

Visitaciones
frescas de Dios

"El Señor se le apareció (a Salomón) por segunda vez,
como lo había hecho en Gabaón y le dijo: He oído la
oración y la súplica que me has hecho."
1 REYES 9:2-3

No importa el nivel de madurez espiritual en el que nos encontremos, necesitamos manifestaciones frescas y visitaciones nuevas de lo alto. Es correcto agradecer a Dios las bendiciones pasadas y mirar con gozo hacia atrás recordando las primeras visitaciones del Señor en sus primeros días como creyente. Pero le animo a que busque visitaciones nuevas de la presencia de Dios. No quiero con ello minimizar nuestro diario y común caminar a la luz de su presencia, pero consideremos que el inmenso océano tiene sus flujos y reflujos, sus mareas altas y bajas. El sol siempre brilla ya sea que lo veamos o no, aún cuando la niebla invernal nos oculte su presencia, pero tiene su tiempo de verano en el cual su brillo es manifiesto. Si caminamos con Dios constantemente, hay tiempos especiales cuando nos abre su corazón, nos permite conocer sus secretos y se manifiesta a nosotros como no se manifiesta a sus demás hijos. No todos los días son días de banquete en palacio, y no todos los días con Dios son tan claros y gloriosos como ciertos sábados especiales del alma, en los cuales el Señor devela su gloria. Bienaventurados somos si por una vez hemos visto su rostro, pero aún más si Él nos visita otra vez en la plenitud de su gracia.

Bienaventurados somos si por una vez hemos visto su rostro, pero aún más si Él nos visita otra vez en la plenitud de su gracia.

Yo le recomiendo que busque nuevas manifestaciones de la presencia del Señor. Debemos clamar a Dios, debemos implorarle que nos hable por segunda vez. No necesitamos convertirnos de nuevo, pero sí que las ventanas de los cielos se abran una y otra vez para nosotros. Necesitamos que el Espíritu Santo se nos dé otra vez como en Pentecostés y renovar nuestra juventud y nuestras fuerzas como las águilas, para "correr sin cansarnos y caminar sin fatigarnos." Lo que el Señor le dijo a Salomón en cuanto a su oración, la manera en que la respondió la segunda vez que se le apareció, y muchos elementos más en ella, con toda seguridad hacen de esta oración un modelo para nosotros. Haremos bien en orar de la manera que los intercesores exitosos han orado.

Espíritu Santo, te necesito cada mañana para renovar mis fuerzas y mi alma. Visítame ahora, te lo pido. Amén.

El don inefable

~~~

"¡Gracias a Dios por su don inefable!"
2 CORINTIOS 9:15

Adopte una teología que magnifique a Cristo, el don inefable de Dios. Cuando un hombre empieza a condescender con el pecado, a tener en poco la maldad y menospreciar el castigo futuro, no acepte más su predicación. Algunos reducen tanto el evangelio hasta que queda en nada. Hacen de nuestro divino Señor un bendito don nadie; empequeñecen tanto la salvación que queda en mera salvabilidad; convierten las certezas en probabilidades, y tratan la verdad como si fuera una simple opinión. Cuando vea a un predicador degradando el evangelio y reduciéndolo hasta que de él no queda suficiente ni para alimentar a un saltamontes, aléjese de él. Cristo es el todo, Él es el don inefable de Dios.

Prometamos hoy que con la ayuda de su gracia le alabaremos mientras vivamos por su don inefable.

Posiblemente jamás podremos darle las gracias como debemos. ¿Quién ha bendecido al Señor lo suficiente solamente por la salvación? Si Jesús es nuestra salvación, ¿cuándo debemos agradecer a Dios por ello? ¡Cada mañana que despertamos! ¿Por cuánto tiempo debemos hacerlo? Hasta que vayamos a dormir otra vez. Desde que sale el sol hasta que se pone su nombre es exhaltado. Hasta que el sueño sature nuestros sentidos y nos sumerja en un dulce letargo. Es agradable continuar cantando canciones al Señor en visiones sobre nuestro lecho, como si las cuerdas de agradecida emoción vibraran aún después de que la mano del pensamiento deja de tocarlas. Es bueno cuando aún este fantasioso extravío de nuestros sueños se dirige hacia nuestro amado, sin desviarse nunca del terreno santo. Que aún nuestros sueños nocturnos le canten canciones a Jesús. ¡Ah, que logremos llegar a ese estado en el cual estemos alabándolo continuamente, sin cesar! Démosle doble alabanza mientras podamos hacerlo. Prometamos hoy que con la ayuda de su gracia le alabaremos mientras vivamos por su don inefable. Jamás veremos el fin de su obra santa. Todos los que conocen su salvación, ¡alábenlo! Sus ángeles benditos, ¡alábenlo! Las edades futuras, ¡alábenlo! ¡alábenlo todas sus lucientes estrellas! Él seguirá siendo inefable hasta el fin. Oh, Espíritu Santo, escribe esta línea de gratitud en la tabla de nuestro corazón.

Señor Jesús, Tú eres el don inefable del Padre, para mí. Tú eres más grande de lo que yo pudiera imaginar. Alabado seas Tú. Amén.

Dulces para Dios

"...tenían... copas de oro llenas de incienso,
que son las oraciones de los santos."
APOCALIPSIS 5:8

Las oraciones que el Señor acepta no son las de los religiosos, las letanías de los sacerdotes, o las solemnes notas de un órgano; deben ser las oraciones de los santos. En la vida, el carácter y el alma del creyente es donde yace la dulzura que complace al Señor. Sólo las oraciones de los santos son aceptadas por Dios. ¿Y quiénes son los santos? Son los que el Señor ha santificado por el poder de su Espíritu Santo, cuya naturaleza ha sido purificada, que han sido lavados en la preciosa sangre de Jesús y apartados por Él mismo; los que Dios llenó con su Espíritu Santo para que le adoren. Ellos lo aman, lo alaban, se postran ante Él con solemne reverencia y elevan sus almas en amorosa adoración. Sus pensamientos, deseos, anhelos, confesiones, plegarias y alabanzas son dulces para Dios. Son música sus oídos, perfume para su corazón, deleite para su mente infinita y agradable para su Espíritu Santo, porque "Dios es espíritu, y quienes lo adoran deben hacerlo en espíritu y en verdad" (Juan 4:24). De ninguna otra manera puede ser adorado un Dios espiritual.

Lo que es dulce para Dios en la oración no son las palabras utilizadas, aunque deben ser apropiadas; pero la dulzura no radica en algo perceptible a los sentidos externos, sino en las cualidades secretas que son comparables a la esencia y aroma de las fragantes especias. Hay en

La fe debe ser uno de los componentes de la fragancia de la oración.

el incienso una esencia sutil y casi espiritual que la acción de los carbones encendidos hace que se esparza por todo el ámbito hasta que todos aspiran su fragancia. Y así ocurre con la oración. Nuestras oraciones podrán ser muy hermosas en apariencia, y pueden lucir como expresión de piedad, pero a menos que haya en ellas una fuerza espiritual secreta, son completamente vanas; la fe debe ser uno de los componentes de la fragancia de la oración. Cuando escucho a una persona orando no puedo decir si tiene fe o no, pero Dios sí percibe la fe o la ausencia de ella, y recibe o rechaza la oración según sea el caso.

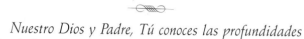

Nuestro Dios y Padre, Tú conoces las profundidades de mi alma. Que mis oraciones te sean agradables. Amén.

Padre nuestro
que estás en el cielo

"...Padre nuestro que estás en el cielo..."
MATEO 6:9

¿Qué es ese espíritu infantil, ese dulce espíritu del niño que lo hace reconocer y amar a su padre? Yo no puedo decírselo a menos que usted sea un niño; entonces sí sabrá la respuesta. ¿Y qué es el Espíritu de adopción por el cual clamamos: "Abba, Padre"? (Romanos 8:15 RVR) Yo no le puedo decir, pero si usted lo ha sentido, sabrá de qué estoy hablando. Es un dulce componente de la fe que sabe que Dios es mi Padre, es amor que lo reconoce como mi Padre, gozo que se regocija en Él como mi Padre; temor que tiembla ante la idea de desobedecerle porque Él es mi Padre, y confiado afecto y confianza que depende y confía plenamente en Él porque sabe por el infalible

> *Nuestras oraciones pueden ser como pedacitos, no podemos juntarlas, pero nuestro Padre nos escucha.*

testimonio del Espíritu Santo que el Señor de la tierra y el cielo es el Padre de mi corazón. ¿Ha sentido alguna vez el Espíritu de adopción? No hay nada como Él bajo el cielo. Aparte del cielo, no hay nada más bienaventurado que disfrutar el espíritu de adopción. Cuando el huracán de los problemas ruge y cuando se levantan las olas de la adversidad, y cuando el barco encalla en las rocas, cuan dulce es decir: "Mi Padre" y creer que en sus fuertes manos está el timón. Hay música en esta frase. Hay elocuencia. La esencia de la bienaventuranza del cielo está en esta expresión "Mi Padre" cuando la decimos con voz temblorosa por inspiración del Dios vivo.

Y así nos presentamos delante de Él. Cuando yo hablo con mi Padre no tengo temor de ser malinterpretado; si me enredo en las palabras, Él entiende lo que le quiero decir. Cuando somos niños pequeñitos, apenas si balbuceamos nuestras palabras, no obstante nuestro padre nos entiende. Nuestras oraciones pueden ser como fragmentos que no podemos juntar, pero nuestro Padre nos escucha. ¡Ah, que hermoso comienzo este "Padre nuestro" para una oración llena de faltas, una oración tal vez tonta, una oración en la que pediremos lo que no debemos pedir! Pero el Señor lee su contenido y los deseos de nuestro corazón. Acerquémonos a su trono como los niños se acercan a su padre, y declaremos nuestras necesidades y aflicciones en el lenguaje que el Espíritu Santo nos enseñe.

Espíritu Santo, ¿cómo es posible ser amados de tal manera por nuestro Padre celestial? Yo me regocijo en ser hijo de Dios. Amén.

DIA 22

Toda una
noche orando

⬦

"Por aquel tiempo se fue Jesús a la montaña a orar, y pasó toda la noche en oración a Dios."
LUCAS 6:12

Jesús fue a la montaña a orar evitando hacer de la oración una demostración pública. Si oramos para ser vistos de los hombres esa será en sí nuestra recompensa, muy lastimosa por cierto: la admiración de los tontos y superficiales, y nada más. Si nuestro objetivo al orar es obtener bendiciones de Dios, debemos presentar nuestras oraciones sin la contaminación de la observación humana. Vaya a solas con su Dios si es que quiere que su brazo actúe a su favor. Si ayuna, no dé a los hombres la apariencia de que ayuna. Si está implorándole algo personal a Dios, no se lo diga a nadie más. Tenga cuidado de que

sea un secreto entre Dios y su
alma, entonces su Padre
celestial le recompensará en
público. Pero si como el fariseo
de la parábola hace usted de su
oración un espectáculo público, haciendo tocar trompeta
en las esquinas de las calles, irá
donde fue el fariseo, al lugar en
donde los hipócritas sufren por
siempre la ira de Dios.

*Jesús, por lo tanto,
para evitar
interrupciones,
para tener la
oportunidad de
derramar toda su
alma ante Dios y
para evitar la
ostentación, buscó
la montaña.*

Jesús, por lo tanto, para
evitar interrupciones, para
tener la oportunidad de derra-
mar toda su alma ante Dios y para evitar la
ostentación, buscó la montaña. ¡Qué gran oratorio,
qué gran lugar para que el Hijo de Dios orara! ¿Qué
paredes lo habrían albergado mejor? ¿Cuál recinto
hubiera sido más apropiado para tan poderoso
intercesor? El Hijo de Dios entró a su propio templo
de la naturaleza, el más adecuado para Él, para que Él
tuviera comunión con el cielo. Esas gigantescas colinas
y las largas sombras proyectadas por la luz de la luna
fueron la única y digna compañía. Ninguna
ceremonia espléndida ni pomposa podría haber

igualado la gloria de la naturaleza a la media noche en la agreste montaña en donde las estrellas, como si fueran los ojos de Dios, miraban al adorador y en donde el viento parecía llevar la opresión de sus suspiros y la brisa obsecuente parecía esparcir sus lágrimas. Sansón en el templo de los Filisteos moviendo las columnas gigantes es un simple enano comparado con Jesús de Nazaret moviendo los cielos y la tierra al postrarse en el gran templo del Señor.

Padre mío, yo también buscaré tu presencia en un lugar privado. Que yo pueda mover hoy tu mano. Amén.

Legiones de ángeles

———✦———

"Entonces Jesús le dijo: Vuelve tu espada a su lugar...
¿Acaso piensas que no puedo ahora orar a mi Padre, y
que Él no me daría más de doce legiones de ángeles?"
MATEO 26:52-53

No puede haber límite en los recursos de los que dispone el Cristo de Dios. Miles y miles de ángeles hubieran acudido en su ayuda si Jesús lo hubiera deseado. La banda de guardias que Judas guió hubiera sido un insignificante grupito que habría sido aniquilado momentáneamente si el Salvador hubiera reunido a sus aliados. He aquí la gloria de nuestro traicionado y ahora arrestado Señor. Si tan poderoso era entonces, ¿qué tal ahora cuando todo poder le ha sido dado por el Padre? Guarde en su mente la idea clara de que Jesús, en su humillación, era sin embargo, Señor de todas las cosas, y especialmente del mundo invisible y de sus ejércitos. Mientras más claramente capte esta idea, más admirará el amor conquistador que hizo a Jesús morir en la cruz.

Lo único que tiene que hacer es orar a Dios y sus ángeles lo llevarán en las manos para que su pie no tropiece en piedra.

Hagamos aquí una pausa de un minuto para recordar que guardadas las proporciones, los ángeles también están a su disposición. Lo único que tiene que hacer es orar a Dios y ellos lo llevarán en sus manos para que su pie no tropiece en piedra. No pensamos mucho acerca de estos seres celestiales, sin embargo, todos ellos son "espíritus ministradores enviados para servicio a favor de los que serán herederos de la salvación" (Hebreos 1:14). Si sus ojos fueran abiertos, como le ocurrió al siervo de Eliseo, vería "la montaña llena de gente de a caballo y de carros de fuego" (2 Reyes 6:15-17) rodeando a los siervos de Dios. Aprendamos de nuestro Maestro a reconocer las fuerzas invisibles. No confiemos en lo que el ojo ve o el oído oye, sino tengamos respeto a las fuerzas espirituales que no perciben los sentidos pero que la fe conoce. En los asuntos de la Providencia los ángeles desempeñan un papel mucho más importante de lo que creemos. Dios puede levantar amigos nuestros sobre la tierra, y si no lo hace así, puede encontrar para nosotros amigos más capaces en el cielo. No es necesario sacar la espada y cortar orejas humanas, porque fuerzas infinitamente superiores obrarán a nuestro favor. Tenga fe en Dios y "todas las cosas obrarán para su bien" (Romanos 8:28). Los ángeles de Dios consideran un honor y un deleite proteger al menor de los hijos de Dios.

Señor Jesús, Tú has sido exaltado a la diestra del Padre. Nada es demasiado difícil para Ti hoy. Amén.

DIA 24

La fe que busca

"Ustedes nunca van a creer si no ven señales y prodigios —le dijo Jesús. Señor —rogó el funcionario-, baja antes que se muera mi hijo."
JUAN 4:48-49

Note en este caso del oficial del rey que su fe, esa fe que busca, no solo lo hace más ferviente en la oración, sino más persistente también. Él pidió una vez y la respuesta fue una aparente represión. Pero no dio la vuelta ni se fue malhumorado. No. Olvidando el rechazo insiste: "Señor, baja por favor" Yo no puedo decirle en qué tono pronunció su súplica, pero sí le aseguro que fue expresada de una manera conmovedora, con los ojos humedecidos por las lágrimas y sus manos cruzadas en actitud de ruego. Con ella parecía decir: "Señor, no te puedo dejar ir a menos que vengas y salves a mi hijo. Por favor, ven. ¿Qué puedo decirte para que vengas? Que mi afecto de padre sea mi mejor argumento. Si mis palabras no son elocuentes, deja que mis lágrimas hablen. Que ellas suplan la insuficiencia de mi lengua."

¡Qué poderosas oraciones pronuncian las personas que tienen una fe que busca! Yo las he escuchado a veces suplicarle a Dios con todo el poder que pudo haber tenido Jacob en el arrollo de Jaboc (Génesis 32:24-32). Yo he visto al pecador bajo convicción agarrándose de los pilares de la puerta de misericordia y tocarla como si la fuera arrancar, antes que irse sin haber entrado. He visto pecadores constreñidos luchar y esforzarse por entrar al reino de los cielos. Con razón quienes se presentan ante Dios con oraciones frías no encuentran paz. Que se calienten en el horno del deseo y encontrarán el camino ascendente hacia el cielo. Quienes solamente saben decir en la fría forma de la ortodoxia: "Señor, ten misericordia de mí, pecador" nunca encontrarán misericordia. La persona que clama en la angustia ardiente de un corazón conmovido "¡Señor, ten misericordia de *mí*, pecador!" "¡*Sálvame, que perezco!*"

> *¡Qué poderosas oraciones pronuncian las personas que tienen una fe que busca!*

es la que logra ser escuchada. El hombre, o la mujer, que derrama su alma en cada palabra y concentra toda la fuerza de su ser en cada frase de su oración, es quien gana su entrada en los cielos. La fe que busca puede hacer que una persona lo logre.

Espíritu Santo, conmueve mi corazón y pon fuego al rojo vivo en mis oraciones. Que las columnas de la misericordia divina sean conmovidas hoy. Amén.

El dador generoso

*"Si a alguno de ustedes le falta sabiduría, pídasela a
Dios, y Él se la dará, pues Dios da a todos
generosamente sin menospreciar a nadie"*
SANTIAGO 1:5

Dios no da como lo hacemos nosotros, una simple
limosna al mendigo. Él da su riqueza a manos
llenas. Salomón pidió sabiduría: Dios se la concedió
y con ella le dio riquezas y poder. En casi todas las
ocasiones en que alguien oró en el Antiguo Testa-
mento, Dios dio diez veces más de lo pedido. El Señor
hará las cosas "muchísimo más abundantes que todo
lo que podamos imaginarnos o pedir" (Efesios 3:20).
Ese es el hábito divino. Dios no solamente cumple
sus promesas, sino que cuando se ha obligado a pagar
con plata, prefiere hacerlo con oro. Él es supre-
mamente generoso. ¿Piensa que empezará a ser tacaño
con usted? Si con generosidad y largueza ha perdo-

Dios da generosamente y no mancha el brillo de su gracia buscándole faltas al que pide.

nado sus pecados, ¿cree que será mezquino con sus bendiciones? (Romanos 8:32) ¿Quiere limpiar todos sus pecados? Hay un río de gracia en donde puede hacerlo. ¿Desea agua para refrescar su alma? Él tiene diluvios para enviar sobre la tierra seca. En la Escritura leemos de las inescrutables riquezas de Cristo. ¡Ja! Ustedes pecadores leviatanes, aquí hay un océano de misericordia para nadar en él. ¡Ja! Los elefantes pecadores, aquí tienen un arca lo suficientemente amplia para transportarlos y navegar sobre las aguas del diluvio. Ustedes, cuyo pecado de orgullo llega hasta el cielo, y cuyos pies lujuriosos se hunden en el fango del infierno, el escondite sagrado es suficientemente grande aún para esconderlos a ustedes. El Señor es grande en misericordia. ¿Quién no le pedirá a un Dios tan generoso?

Dios da generosamente y no mancha el brillo de su gracia buscándole faltas al que pide. Estas palabras son dulces. Él lo invita a pedir sabiduría y si lo hace se la concederá. ¿Va usted a añadir a la lista de sus pecados el de pensar que Dios es mentiroso? No dude la palabra de Dios, no desconfíe del Señor, venga ya con humildad reverente a los pies del Salvador en la cruz. Véalo clavado en la cruz como el gran sacrificio expiatorio; mire sus heridas sangrantes; observe sus sienes todavía cubiertas con la sangre que mana de las heridas causadas por la corona de espinas. Mírelo y viva. Hay vida en mirar al Crucificado. Mírelo y encuentre en Él todo lo que usted necesita.

Señor, ensancha mi visión de tu Hijo y de tu inmensa generosidad. Echa fuera mis dudas y temores. Amén.

DIA 26

Él es poderoso

———◦———

"Y a Aquel que es poderoso para hacer todas las cosas mucho más abundantemente de lo que pedimos o entendemos, según el poder que actúa en nosotros"
EFESIOS 3:20 RVR

Tal vez siente usted que en momentos de santa confianza y acceso ha pedido cosas grandes de Dios, cosas que solo le pediríamos al Gran Rey, y sin embargo, su petición se ha quedado corta en alcanzar el fondo de la capacidad divina. Nuestra mejor oración, la oración más confiada y atrevida, tiene sus límites. Está limitada a veces por nuestro sentido de necesidad. Escasamente sabemos lo que queremos; debemos ser enseñados a orar, en cuanto a lo que hemos de pedir, o nunca nuestras peticiones serán correctas. Malinterpretamos nuestra condición espiritual, el hambre de nuestra alma no es suficientemente fuerte, el pecado le ha quitado agudeza a nuestro apetito espiritual y, por lo tanto, nuestras oraciones sufren estorbo. Pero bendito sea nuestro Dios, Él no está limitado por nuestro sentido de necesidad. Su invitado pide agua y vino, y Él le prepara un banquete.

¿Hay alguna promesa de Dios que algún hijo suyo entiende perfectamente? Existe en las promesas un significado no entendido plenamente, una amplitud, una extensión, una profundidad y una altura que no han sido logradas todavía. Dios condesciende a usar el lenguaje humano y para nosotros las palabras pueden significar plata, pero Él les otorga un significado

Dios no está limitado por nuestro sentido de necesidad. Su invitado pide agua y vino, y Él le prepara un banquete.

de oro. Él nunca quiere decir menos de lo que dice, y siempre quiere decir mucho más de lo que nosotros pensamos que dice. Magnifiquemos al Señor por esto. Su poder para bendecir no está limitado por nuestra capacidad de comprender la bendición.

El énfasis de su promesa en esta escritura es que Él puede hacer *todas* las cosas mucho más abundantemente de lo que pedimos o entendemos. Reuna todas las peticiones que ha hecho. Póngalas en un montón y encima sobrepone todo lo que ha pensado en relación con las riquezas de la gracia divina. ¡Qué enorme montaña! Colina sobre colina, como si estuviéramos sobreponiendo las cumbres alpinas para construir una escalinata o la escalera de Jacob que suba hasta las estrellas. ¡Continúe! ¡Siga adelante! No es la Torre de Babel la que está construyendo y su cúspide no llegará hasta el cielo. No importa cuan alta sea esta pirámide de oraciones, la capacidad de Dios para bendecir es todavía más alta. Él sobrepasa todas las bendiciones que se puedan imaginar, que sean útiles y benéficas para nosotros. Él es poderoso para hacerlo todo mucho mejor de lo que pedimos o entendemos.

Oh, Señor, ¡ayúdame a comprender esto! Dame fe para hacer lo propio, para luego magnificarte y adorarte. Amén.

DIA 27

Esperanza

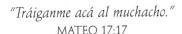

"Tráiganme acá al muchacho."
MATEO 17:17

El Señor Jesús prescribió la oración y el ayuno como medios para unirnos a un poder más grande que somos llamados a poseer. Y la iglesia de Dios sería mucho más fuerte para luchar con esta era maligna si acogiera más estos medios. La oración nos une al cielo; el ayuno nos separa de la tierra. La oración nos lleva a la casa de banquetes de Dios; el ayuno nos libera de nuestro afecto por el pan que perece. Cuando los creyentes llegan a los niveles más altos de vigor espiritual, entonces están en capacidad, de echar fuera demonios por el Espíritu Santo que obra en sus vidas y que de otro modo se reirían de ellos con desdén. Pero a pesar de todo, siempre existirán esas dificultades como montañas que requieren la intervención y ayuda directa del Maestro.

> *Todo el infierno confiesa la majestad de su poder y el esplendor de su Deidad.*

Permítame suplicarle que recuerde que Jesucristo todavía está vivo. Esta es una verdad muy sencilla pero necesitamos que se nos recuerde constantemente. A menudo estimamos el poder de la iglesia mirando a sus ministros y sus miembros, pero su poder no radica en ellos sino en el Espíritu Santo y en el Salvador que vive para siempre. Jesús está tan vivo y activo hoy como cuando aquel padre angustiado y ansioso le llevó a su hijo. Nosotros no tenemos el poder para realizar milagros ni naturales ni espirituales. Pero Cristo sí tiene el poder de obrar cualquier tipo de prodigio, todavía puede y está deseoso de efectuar milagros espirituales. Yo me deleito pensando en mi Cristo vivo a quien le puedo llevar cada dificultad que le ocurre a mi alma o a la de otras personas.

Recuerde también que Jesús vive en una posición de autoridad. Todo el infierno confiesa la majestad de su poder y el esplendor de su Deidad. No existe demonio, por fuerte o poderoso que sea, que no tiemble ante Él. Y Jesús es el Señor de los corazones y de las conciencias. No existe, no puede existir, un caso que sea demasido difícil para Él. ¿Es Cristo incapaz de salvar, o existen enfermedades tan difíciles que el gran médico no pueda curar? ¡Jamás puede ocurrir! ¿Cristo superado por Satanás y el pecado? ¡Imposible! Él rompe los cerrojos y las puertas de hierro y pone los cautivos en libertad.

Mi Señor Jesucristo, Tú eres más grande que cualquier cosa que yo tenga que enfrentar en mi vida. Me arrojo a tus brazos y vivo por tu misericordia. Amén.

La cura para
la inquietud

———◦◦◦———

"No se inquieten por nada; más bien, en toda ocasión,
con oración y ruego presenten sus peticiones a Dios y
dénle gracias. Y la paz de Dios, que sobrepasa todo
entendimiento, cuidará sus corazones y sus
pensamientos en Cristo Jesús."
FILIPENSES 4:6-7

¿Por qué permitirle a la inquietud que siga carcomiendo su corazón? Ella debilita nuestra capacidad para ayudarnos a nosotros mismos y especialmente nuestro poder para glorificar a Dios. Un corazón inquieto y ansioso nos impide ver las cosas con claridad. Permitir que la inquietud nos domine es algo así como echar el aliento de nuestra ansiedad en el lente de un telescopio, mirar luego por él, y decir que no podemos ver nada más que nubes.

Desde luego no podemos ver y jamás podremos, mientras lo sigamos empañando. Si estamos calmados, tranquilos y controlados, estaremos en capacidad de hacer lo que es correcto. Tenemos que estar "concentrados" en el tiempo de la dificultad. Tiene presencia de ánimo quien tiene la presencia de Dios. Si olvidamos orar no es de extrañar que estemos en apuros y hagamos lo primero que se nos ocurra – lo cual es generalmente lo peor- en vez de esperar para ver lo que debemos hacer y luego hacerlo en la presencia de Dios con fe y confianza. La inquietud es dañina.

Supongo que para muchos de nosotros los motivos de preocupación son múltiples. Si usted es como yo, una vez que está cargado de afanes, ansioso y temeroso, se vuelve incapaz de contar todas sus preocupaciones, aunque pueda contar los cabellos de su cabeza. Las preocupaciones se multiplican para aquellos que se dejan dominar por ellas. Cuando usted piensa que realmente tiene muchas preocupaciones, hay otras tantas que ya se están amontonando a su alrededor. Ser indulgente

> *Tiene presencia de ánimo quien tiene la presencia de Dios.*

con este hábito de inquietarse y ponerse ansioso conduce a que él domine su vida haciéndola indigna de vivirse. Los problemas y las preocupaciones son muchas, por lo tanto, haga que sus oraciones también lo sean. Convierta cada motivo de preocupación en oración. Que sus inquietudes sean la materia prima de su oraciones. El alquimista esperaba convertir la escoria en oro; usted tiene el poder real para cambiar lo que por naturaleza es una preocupación, en un tesoro espiritual en forma de oración. Dele un nuevo nombre a la ansiedad y llámela bendición, en el nombre del Padre, del Hijo y del Espíritu Santo.

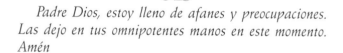

Padre Dios, estoy lleno de afanes y preocupaciones. Las dejo en tus omnipotentes manos en este momento. Amén

Las condiciones para tener poder en la oración

*"Tenemos confianza delante de Dios, y recibimos
todo lo que le pedimos porque obedecemos sus
mandamientos y hacemos lo que le agrada."*
1 JUAN 3:21-22

La confianza infantil nos hace orar como nadie más puede hacerlo. Ella hace que una persona ore por cosas tan grandes que jamás hubiera pedido si no hubiera adquirido esta confianza. La impulsa también a orar por cosas tan pequeñas que a muchos otros les da temor pedir porque no sienten hacia Dios esa confianza de niños. Con frecuencia he sentido que se requiere más confianza en Dios para pedirle cosas pequeñas que cosas grandes. Imaginamos que nuestras cosas grandes son, de alguna manera, dignas de la atención de Dios, aunque en verdad para Él son pequeñas. Y luego pensamos que nuestras cosas pequeñas son tan insignificantes que es un insulto pedirle a Dios su ayuda.

¿Para qué fueron hechos los papás y las mamás si no es para cuidar de los problemas de sus pequeños hijos?

Tenemos que darnos cuenta que lo que es muy importante para un niño quizá parezca pequeño a su padre, sin embargo, el padre lo valora desde el punto de vista del niño, no según su criterio de adulto. Usted escuchó a su nené el otro día llorando amargamente. La causa de su dolor era una espina en su dedito. Aunque no haya llamado a tres cirujanos para extraerla, la espina era algo grande para este pequeño paciente que sufría. Parado allí con sus ojitos llenos de lágrimas de angustia, a este pequeño jamás se le ocurrió que su dolor era una cosa demasiado pequeña para usted. ¿Para qué fueron hechos los papás y las mamás si no es para cuidar de los problemas de sus pequeños?

Y Dios nuestro Padre es un buen padre que se compadece de nosotros como el padre se compadece de los hijos. Él cuenta las estrellas y a todas las llama por nombre, sin embargo sana el corazón quebrantado y venda sus heridas. Si pone su confianza en Dios, usted le llevará sus cosas grandes y pequeñas sabiendo que Él nunca defraudará su confianza.

Padre, vengo como un niño a agradecerte que conozco los sentimientos de tu corazón hacia mí. Te amo Señor. Amén.

DIA 30

La oración
no contestada

—————◆◇◆—————

"Dios mío, clamo de día y no me respondes;
clamo de noche y no hallo reposo. Pero tú eres
Santo, tú eres rey. ¡Tú eres la alabanza de Israel!"
SALMO 22:2-3

Jamás acepte la tentación de darse por vencido, dejarse vencer por el desánimo o abandonar su única esperanza. Bajo ninguna posible circunstancia le dé lugar al negro pensamiento de que Dios no es veraz ni fiel a sus promesas. Aunque una de sus oraciones permanezca sin respuesta durante siete años, no obstante dígale al Señor: "Tú eres Santo, Tú eres Rey." Fije eso bien en su mente. Nunca permita que la más tenue brizna de sospecha o duda manche la honra del Altísimo, porque Él jamás lo permite. Él es verdadero. Él es fiel. En este, aparentemente, el peor de los casos, finalmente Él libró a su Hijo y acudió en su rescate a su debido tiempo. Quizá no sepa por qué trata con usted de tan extraña manera, pero ni por un instante piense que Él es infiel.

Nunca cese de orar. Ningún tiempo es malo para la oración. Que los destellos de la luz del día no lo tienten a dejar de orar, ni las tinieblas de la media noche lo inciten a cesar su clamor. Uno de los principales objetivos de Satanás es lograr que el creyente deseche el arma de la oración. Satanás sabe que mientras nos

La oración –la oración poderosa-, prevalecerá si se le da suficiente tiempo.

mantengamos clamando al Altísimo, él no puede devorar ni al más pequeño cordero de la manada. La oración –la oración poderosa-, prevalecerá si se le da suficiente tiempo.

Que su fe sea tan resuelta y atrevida que renuncie a cualquier otra dependencia que tenga de cualquier otra cosa y lugar, que no sea de Dios, y que su clamor crezca más y más, y sea cada día más vehemente. No es el primer toque en la puerta de la misericordia el que logra abrirla. Quien quiere prevalecer tiene que agarrar bien el aldabón y golpear una, otra vez, y muchas veces. Como bien lo dijo el viejo puritano: "Las oraciones frías esperan una negativa, pero las oraciones candentes al rojo vivo, prevalecen." Haga que sus oraciones sean como un antiguo ariete golpeando contra la puerta de los cielos, y fórcela con sagrada violencia. Como si fuera un ejército, la totalidad de su alma debe entrar en el conflicto y debe sitiar el trono de la misericordia divina con la determinación de ganar, y entonces sí prevalecerá. Si ocurren demoras tómelas como un buen aviso o advertencia para ser más firme en su fe y más ferviente en su clamor.

Señor Jesús, aún la cruz del Calvario no pudo evitar la victoria final de la resurrección. Con tal confianza oro en este momento. Amén.

Time – Tiempo
Words – palabra
Opportunity – oportunidad
Nunca Volveraa
Solo, vez